# BEI GRIN MACHT SIC
# WISSEN BEZAHLT

- Wir veröffentlichen Ihre Hausarbeit,
  Bachelor- und Masterarbeit

- Ihr eigenes eBook und Buch -
  weltweit in allen wichtigen Shops

- Verdienen Sie an jedem Verkauf

Jetzt bei www.GRIN.com hochladen
und kostenlos publizieren

**Bibliografische Information der Deutschen Nationalbibliothek:**

Die Deutsche Bibliothek verzeichnet diese Publikation in der Deutschen National-
bibliografie; detaillierte bibliografische Daten sind im Internet über http://dnb.d-
nb.de/ abrufbar.

**Impressum:**

Copyright © 2018 GRIN Verlag
Druck und Bindung: Books on Demand GmbH, Norderstedt Germany
ISBN: 9783668855670

Fabiano Coluccia

# Der motivierende Einfluss von Musik auf die sportliche Leistungsfähigkeit im Laufsport

## Theoretische Recherche und praktische Untersuchung

GRIN Verlag

**GRIN - Your knowledge has value**

Der GRIN Verlag publiziert seit 1998 wissenschaftliche Arbeiten von Studenten, Hochschullehrern und anderen Akademikern als eBook und gedrucktes Buch. Die Verlagswebsite www.grin.com ist die ideale Plattform zur Veröffentlichung von Hausarbeiten, Abschlussarbeiten, wissenschaftlichen Aufsätzen, Dissertationen und Fachbüchern.

**Besuchen Sie uns im Internet:**

http://www.grin.com/

http://www.facebook.com/grincom

http://www.twitter.com/grin_com

Kantonsschule Wettingen
November 2018

Maturaarbeit

von

Fabiano Coluccia

# Der Einfluss von Musik auf die sportliche Leistung

Theoretische Recherche und praktische Untersuchung

## Abstract

Im Laufe dieser Arbeit wird zunächst auf theoretischer Ebene aufgezeigt, wie bestimmte Musik auf eine gewisse Art und Weise eine Wirkung auf den Menschen hat. Darauffolgend wird erarbeitet, von welchen Fähigkeiten die sportliche Leistung beim Laufen abhängt und inwiefern diese Fähigkeiten durch das gezielte Einsetzen von Musik beeinflusst werden können. Folglich wird durch gewisse Aspekte der Sportpsychologie aufgezeigt, wie der Einfluss der Musik auf die sportliche Leistung einwirkt und überhaupt möglich ist. Daraufhin wird in einer selbst erstellten Untersuchung empirisch überprüft, ob eine Kausalität zwischen sportlicher Leistung besteht und schliesslich wird das Ergebnis an den vorliegenden Daten begründet und gewürdigt.

# Inhaltsverzeichnis

Abstract ........................................................................................................................... 1

1. Vorwort ...................................................................................................................... 1

2. Einleitung .................................................................................................................. 2

Themeneingrenzung ....................................................................................................... 2

Fragestellung ................................................................................................................. 2

Methodik ....................................................................................................................... 3

3. Sport .......................................................................................................................... 3

3.1. Laufsport ................................................................................................................. 4

3.2. Leistungsbestimmende Faktoren .......................................................................... 5

3.3. Die Ausdauer ........................................................................................................... 6

4. Musik .......................................................................................................................... 7

4.1. Musik und ihre Wirkung ......................................................................................... 8

4.2. Musik und Bewegung .............................................................................................. 8

4.3. Musik beim Laufen .................................................................................................. 9

5. Psychologie im Sport .............................................................................................. 10

5.1. Psychologisches Training ...................................................................................... 11

5.2. Psychoregulation .................................................................................................. 12

5.3. Motivation ............................................................................................................. 13

6. Untersuchung .......................................................................................................... 14

6.1. Vorgehen ............................................................................................................... 15

6.2. Beobachtung ......................................................................................................... 18

6.3. Auswertung ........................................................................................................... 24

6.4. Interpretation ....................................................................................................... 25

7. Schlussfolgerung ..................................................................................................... 26

8. Quellen- und Literaturverzeichnis ........................................................................ 28

Literatur ...................................................................................................................... 28

Webdokumente ........................................................................................................... 29

Abbildungen ............................................................................................................... 30

9. Anhang ...................................................................................................................... 31

Die Umfrage: ............................................................................................................... 31

Die Resultate der Umfrage ......................................................................................... 37

Playlists der Untersuchung ........................................................................................ 44

# 1. Vorwort

Als Fussballer ist meine sportliche Leistung essenziel und von zentraler Bedeutung. Immer wieder komme ich während dem Fussballspielen an meine sportlichen Grenzen, vor allem die physische und psychische Ermüdung machen mir zu schaffen. Also habe ich mir vor gut einem Jahr zum Ziel gesetzt, an meiner Ausdauer zu arbeiten und diese zu verbessern. Wo ich bei meiner physischen Ausdauer extreme Fortschritte spüren konnte, sah ich diese Fortschritte nicht bei meiner psychischen Ausdauer. Das hat mich bis vor kurzem noch stark beschäftigt. Als ich vor gut einem halben Jahr mit der Maturaarbeit konfrontiert wurde, war mir bei der Themenwahl schnell klar, dass sich meine Arbeit mit dem Bereich Sport auseinandersetzten wird. Durch Einlesen in verschiedene Themen hat sich mir die Frage gestellt, ob ich mit Musik an meiner psychischen Ermüdung arbeiten und diese sich eventuell verbessern kann.

Diese Arbeit wäre mir jedoch nicht gelungen, hätte ich nicht von verschiedenen Personen Unterstützung erhalten. Ich möchte mich herzlich bedanken:

Bei der Kantonsschule Wettingen, welche uns Schülern die besten Mittel zur Verfügung stellt, damit wir beste Resultate liefern können.

Bei Herrn Marco Bonadei für das kurzfristige Einspringen in die Rolle der Betreuungsperson und für die gute und professionelle Hilfe und Betreuung. Eine Betreuungsperson, die immer erreichbar und bereit für Besprechungen war.

Bei Herrn Christoph Baldinger für das Gegenleser dieser Arbeit.

Bei Frau Sabine Flück für die sehr hilf- und lehrreichen Lektionen im Projektunterricht und für die ausserordentliche Unterstützung mir gegenüber.

Bei Frau Manuela Jehle und Herrn Lukas Binggeli für die kurze aber gute Zeit als vorübergehende Betreuungspersonen.

Bei den gut 20 Probanden, die sich für die Untersuchung zu Verfügung gestellt haben und ohne welche diese Arbeit nicht möglich gewesen wäre.

Und bei all denen, welche mich über diese Zeit unterstützt und mir geholfen haben wo sie konnten.

## 2. Einleitung

### Themeneingrenzung

Als Fussballer liegt mir der sportliche Bereich der Bildung sehr am Herzen. Somit war mir bei der Themenwahl im März dieses Jahres von Anfang an bewusst, dass meine Arbeit im sportlichen Bereich sein wird. Doch wusste ich noch nicht genau das konkrete Thema und die wichtigsten Fragestellungen meiner Maturaarbeit. Ich wollte nämlich meine Arbeit zu einem sportlichen Aspekt schreiben und in dieser Arbeit auch persönliche und praktische Erfahrungen mit einbeziehen. Nach gewisser Überlegungszeit und durch Einlesen in verschiedenen wissenschaftlichen Arbeiten im Bereich Sport, konnte ich mein Thema bereits einigermassen eingrenzen. Die Beeinflussung der sportlichen Leistung durch externe Faktoren begeisterte mich schnell - nur gab es zu viele externe Faktoren, als diese mit einem praktischen Test überprüfbar wären.

### Fragestellung

Nach langer Überlegungszeit konnte ich dann mein Thema definitiv eingrenzen und mir waren meine Fragestellungen bewusst. Ich wollte den Einfluss von Musik auf die sportliche Leistung im Bereich Laufsport überprüfen und es ergaben sich folgende Fragestellungen:

- Welcher Musikstil hat den besten Einfluss auf die sportliche Leistung (Ausdauer) und wie lässt sich das mit meiner schriftlichen Arbeit erklären?
- Mit wie vielen Beats/Minute kann man die beste sportliche Leistung (Ausdauer) erreichen und warum?
- Wie muss der selbsterstellte Sporttest aufgebaut sein, damit ich brauchbare und aussagekräftige Daten sammeln kann?

Diese Fragestellungen galt es in dieser Arbeit zu beantworten. Nachdem viel recherchiert wurde konnte folgende Hypothese aufgestellt werden:

→ *Durch Musik lässt sich die emotionale intrinsische Motivation beeinflussen,*
*welche wiederum die psychische Ausdauer beeinflusst, die ein Faktor für*
*die sportliche Leistung ist. Somit wäre die sportliche Leistung durch die*
*Musik beeinflussbar.*

Der Einfluss von Musik auf die sportliche Leistung wird dementsprechend ge-
prüft. Ich musste jedoch feststellen, dass mit dieser Arbeit die erste Fragestellung
nicht beantwortet werden kann. Es wird dementsprechend nur auf das Tempo
der Musik eingegangen. Ebenfalls musste ich schnell feststellen, dass ein Sporttest zu diesem Thema sehr schwierig zu gestalten ist, da es zu viele Faktoren
gibt, welche einen Einfluss auf die Leistung haben, um authentische Daten zu
erhalten. Das Erstellen einer angemessenen Untersuchung war folglich ein gros-
ser Teil meiner Arbeit. Dies ist verständlich, da ohne diese Untersuchung meine
Arbeit bloss auf theoretischer Ebene basieren würde und nicht auch auf prak-
tischer, experimenteller Ebene. Die beendete Untersuchung lieferte aufschluss-
reiche Daten, welche eine gute Basis bildeten, um meine Hypothese wissen-
schaftlich zu analysieren.

## Methodik

Für die Untersuchung musste ich anders vorgehen als ich vor der Arbeit geplant
hatte, da der Sporttest nicht auf medizinisch biologische, sondern auf subjektive Daten beruhen wird. Auf die genaue Methode der Untersuchung wird in
Kapitel «6.1. Vorgehen» näher eingegangen.

## 3. Sport

«Seit Beginn des 20. Jahrhunderts hat sich Sport zu einem umgangssprachli-
chen, weltweit gebrauchten Begriff entwickelt. Eine präzise oder gar eindeu-
tige begriffliche Abgrenzung lässt sich deshalb nicht vornehmen. Was im Allgemeinen unter Sport verstanden wird, ist weniger eine Frage wissenschaftlicher
Dimensionsanalysen, sondern wird weit mehr vom alltagstheoretischen Ge-
brauch sowie von den historisch gewachsenen und tradierten Einbindungen in

soziale, ökonomische, politische und rechtliche Gegebenheiten bestimmt. Darüber hinaus verändert, erweitert und differenziert das faktische Geschehen des Sporttreibens selbst das Begriffsverständnis von Sport.»[1] So beschreibt Peter Röthig die Komplexität in der Definition eines Begriffes, welcher in der Gesellschaft verschiedene Formen und Aspekte kennt und welches kulturell, wie auch philosophisch betrachtet, nicht eindeutig zu definieren ist.

Im Duden wird Sport als eine nach bestimmten Regeln aus Freude an Bewegung und Spiel, zur körperlichen Ertüchtigung ausgeübte körperliche Betätigung beschrieben.[2] Laut Prof. Dr. phil. Claus Tiedemann der Universität Hamburg ist Sport «ein kulturelles Tätigkeitsfeld, in dem Menschen sich freiwillig in eine Beziehung zu anderen Menschen begeben, um ihre jeweiligen Fähigkeiten und Fertigkeiten in der Bewegungskunst zu vergleichen - nach selbst gesetzten oder übernommenen Regeln und auf Grundlage der gesellschaftlich akzeptierten ethischen Werte.»[3]

Im Grunde genommen ist Sport eine körperliche Betätigung, die nach bestimmten Regeln und gesellschaftlich akzeptierten Werten praktiziert wird, in der Menschen allein oder im Wettkampf ihre Fähigkeiten und Fertigkeiten beweisen und vergleichen können. Gewisse Aspekte des Sports sind kulturhistorisch und sozioökologisch bedingt und bestimmen somit den «Rang» der Sportart in der jeweiligen Gesellschaft.

## 3.1. Laufsport

Grob lässt sich Sport in Ausdauer-, Kampf-, Kraft- und Spielsport unterteilen. Laufen ist wiederum ein Ausdauersport, bei dem im Vergleich z.B. zum Kraftsport der Sportler über eine längere Zeit unter geringer momentaner Belastung steht. Morphologisch betrachtet ist Laufen eine zyklische Bewegung, bei der Teilbewegungen regelmässig wiederholt werden.[4] Diese zyklische Bewegung ist dem Menschen sehr bekannt und wohlbefunden, denn dieser Sport basiert auf eine

---

[1] Röthig Peter, *Sportwissenschaftliches Lexikon*, 6. Auflage (Schorndorf: Hofmann, 1992), S. 483
[2] Wissenschaftlicher Rat der Dudenredaktion, *Duden*, Auflage 21 (Leipzig: Dudenverlag, 2016), S. 699
[3] «Sport», Universität Hamburg Prof. Dr. phil. Claus Tiedemann, http://sport-geschichte.de/tiedemann/documents/sportdefinition.html#Literatur, Zugriff am 30.09.2018
[4] Ebner Ulrike, *Laufen als Gesundheitssport* (Norderstedt: Grin Verlag, 2004), S. 6

natürliche Bewegungsform und evolutionär betrachtet ist der Mensch schon immer gelaufen.[5]

Kaum eine andere Form des Sports wird so oft praktiziert wie die des Laufens. Tatsächlich bringt dieser Sport viele Vorteile mit sich. Überdies dass sich dieser Sport ohne spezielle Geräte betreiben lässt und weder orts- noch zeitgebunden ist, werden ihm viele wichtige gesundheitliche Profite zugeschrieben. Durch Laufen wird der Herzmuskel und das Immunsystem gestärkt, der Ruhepuls gesenkt, die Regenerationszeit verkürzt und die Fettverbrennung optimiert. Zusätzlich wird für eine bessere Durchblutung der Muskulatur und der Vergrösserung des Sauerstoffspeichers gesorgt. Doch Laufen hat auch psychologisch betrachtet gewisse vorteilhafte Eigenschaften. Durch das Praktizieren dieser Sportart erringt der Körper eine Art meditative Therapie, welche vor allem Menschen mit viel Stress oder grossem Leistungsdruck empfohlen wird.[6]

Die Sportart kennt verschiedene Formen ihrer Art, deswegen wird nur auf den ausdauerbezogenen Laufsport eingegangen, welches auch als Langstreckenlauf bezeichnet wird, bei dem die Ausdauer - oder auch Kondition genannt - massgebend ist.


## 3.2. Leistungsbestimmende Faktoren

Die Leistung eines Läufers hängt von vielen verschiedenen Faktoren ab. Manche sind unabhängig vom Sportler, wie das Klima, die Strecke oder die Bodengegebenheit. Andere Faktoren sind sehr wohl abhängig vom Läufer und können im besten Fall sehr positiv für den Läufer selbst wirken. Einerseits ist die psychische Form des Läufers, wie Stresslevel, Leistungsdruck oder seine Motivation, ein essenzieller Faktor der Leistung. Andererseits ist die physische Form, welche sich grob durch Kraft, Geschwindigkeit, Koordination, Flexibilität und Ausdauer unterteilen lässt, ein weiterer bedeutsamer Faktor. Die Kraft eines Sportlers ist

---

[5] Harari Yuval Noah, *Eine kurze Geschichte der Menschheit* (München: Pantheon Verlag, 2011), S. 15
[6] «Laufen leicht gemacht», Fit For Life, http://www.markusryffels.ch/cgi-bin/ckfinder/files/Laufen_leicht_gemacht_de.pdf, Zugriff am 03.10.2018

die Voraussetzung jeglicher körperlichen Bewegung und wird durch die Muskelkonzentration erzeugt. Wenn viel Kraft in kurzer Zeit erzeugt wird, läuft der Sportler schneller, als wenn weniger Kraft in der gleichen Zeit erzeugt wird. Hierbei spricht man von der Geschwindigkeit oder auch Schnelligkeit eines Körpers. Damit der menschliche Körper diese Bewegungen ausführen kann, müssen das zentrale Nervensystem und das Muskelskelett so zusammenspielen, dass im Idealfall die effektivste Zusammensetzung von einzelnen Teilbewegungen zu einem gleichmässigen, absoluten Bewegungsablauf erreicht wird. Um so viele Teilbewegungen wie möglich auszuführen, ist die Flexibilität eines Sportlers die Basis, damit dieser ohne Einschränkung jede Bewegung ausführen kann.[7] Damit die Bewegungen über einen längeren Zeitraum ausgeführt werden können ist die Ausdauer zuständig, auf die im nächsten Kapitel tiefer eingegangen wird.

## 3.3. Die Ausdauer

Wie bereits im vorherigen Kapitel erklärt wurde, gehört die Ausdauer zu den essenziellen Faktoren für den Laufsport. Ausdauer beschreibt die Fähigkeit, einer physischen Belastung möglichst lange zu wiederstehen, von der die Dauer und die Intensität uneinnehmbar zur Ermüdung führt. Die Fähigkeit, trotz eintreffender Ermüdung die Belastung bis zur absoluten, individuellen Belastungsgrenze weiterzuführen. Und schlussendlich die Fähigkeit, sich in gewissen Phasen mit verminderter Beanspruchung sich möglichst schnell zu regenerieren. Folglich ist Ausdauer von Leistung, Ermüdung und Wiederherstellung abhängig. Die Faktoren sind demnach energetischer, koordinativer, biomechanischer und psychologischer Art.[8] Durch regelmässiges Training können spezifisch bestimmte Faktoren verändert und verbessert werden. Das Ziel dieses Trainings ist es, zu lernen der Ermüdung zu überdauern. Dabei gibt es zwei Arten der

---

[7] Aderhold S. und Weigelt S., *Laufen! …durchstarten und dabeibleiben – vom Einsteiger bis zum Ultraläufer* (Stuttgart: Schattauer GmbH, 2012), S. 17 - 19

[8] Zintl Fritz und Eisenhut Andrea, *Ausdauertraining* (München: BLV Buchverlag GmbH & Co. KG, 2009) S. 30

Ermüdung: die physische und die psychische Ermüdung.[9] Die letztere gilt es durch Motivation, zu verlangsamen oder zu verhindern.

## 4. Musik

In dieser Arbeit ist die Musik ein essenzieller Faktor. Durch die Musik soll schliesslich die Beeinflussung auf die sportliche Leistung errungen werden. Um dies auf theoretisch stabiler Basis zu erklären ist eine Definition des Begriffs «Musik» notwendig. Letztlich ist Musik ein Hyperonym für die Konstellation verschiedenen, akustischen, zeitlich getrennten Ereignissen, welche sich vom Entstehungsort als Schallwellen kreisförmig ausbreiten. Wenn diese Schallwellen das menschliche Ohr erreichen, werden sie im Gehörgang durch das Trommelfell, sowie von den drei Gehörknöchelchen verstärkt und anschliessend durch Reizung der Haarzellen in der Schnecke in elektrische Impulse umgewandelt. Durch die Hörbahn gelangt dieser elektrische Impuls zum Kortex.[10] Aus mehreren Schallwellen, welche wir als elektrische Impulse wahrnehmen, setzt sich dann folglich ein Zusammenspiel mehrerer Töne zusammen, was letztendlich als Musik empfunden wird. Anders wird Musik als Kunst bezeichnet, mehrere bestimmte Schallwellen in Form von Tönen herzustellen, die gewisse Gesetzmässigkeiten bezüglich Melodie, Harmonie und Rhythmus berücksichtigen. Diese einzelnen Töne müssen so geordnet sein, dass eine Gruppe von Klängen entsteht, welche als Ganzes eine Komposition genannt wird.[11]

Musik ist folglich ein natürliches biochemisches Ereignis, bei dem Schallwellen in elektrische Impulse umgewandelt und im Gehirn als Töne wahrgenommen werden. Diese Töne können vom Menschen gezielt verändert oder hergestellt werden, dass eine Folge von Tönen als Musik oder Komposition empfunden werden.

---

[9] a. a. O., S. 31
[10] Spitzer Manfred, *Musik im Kopf. Hören, Musizieren, Verstehen und Erleben im neuronalen Netzwerk,* 2 Auflage (Stuttgart: Schattauer GmbH, 2014), S. 45
[11] Wissenschaftlicher Rat der Dudenredaktion, *Duden* (Leipzig: Dudenverlag, 2016), S. 509

## 4.1. Musik und ihre Wirkung

Die Töne der Musik, welche wir bereits als Schallwellen kennengelernt haben, werden von Bewegungen ausgelöst und sind somit für den Menschen ein Indikator für einen Prozess, der in der Umgebung abläuft. Dies ist erkennbar, wenn durch ein lautes Geräusch ein natürlicher Schutzreflex einsetzt. Umgekehrt können leise und sich wiederholende Töne beruhigend auf den Menschen wirken. Die Wirkung von Musik auf den Menschen ist somit evolutionsbedingt bewiesen.[12] Folglich kann ein Musikstück, welches bestimmte Kriterien erfüllt, aktivierend oder beruhigend auf den Menschen wirken. Teilweise können auch aktivierende und beruhigende Passagen in einem Musikstück vorkommen[13].

«Die Einwirkung von Klängen auf Psyche und Körper des Menschen bildet eine Urerfahrung, die bereits unsere Ahnen in grauer Vorzeit machten und die noch heute jeder einzelne an sich selbst erfahren kann. Musik kann nicht nur einen starken Bewegungsantrieb ausüben, der in Marsch- oder Tanzmusik genutzt wird, sondern sie kann auch umgekehrt den Organismus beruhigen, was Wiegenlieder aus aller Welt bezeugen.»[14]

## 4.2. Musik und Bewegung

Eine tiefe Verankerung zwischen Musik und Bewegung lässt sich daraus schliessen, dass in jeder uns bekannter Kultur zu Musik getanzt, geklatscht, gestampft, marschiert, gebetet oder allgemein Bewegung in Gange gesetzt wird. Diese starke Verbundenheit kann mit Gemeinsamkeiten zwischen Musik und Bewegung erklärt werden.

Drei wichtige Komponenten der Musik sind Takt, Tempo und Rhythmus. Diese Bestandteile finden wir auch in der Bewegung wieder. Die Frequenz einer sich wiederholenden Bewegung lässt sich in den Takt eines Musikstücks übertragen. Das Tempo eins Tonstücks kann man als die Geschwindigkeit eines Sportlers

---

[12] Hesse Horst Peter, *Musik und Emotionen. Wissenschaftliche Grundlage des Musik-Erlebens* (Wien: Springer-Verlag, 2010), S. 155
[13] a. a. O., S. 157
[14] a. a. O., S. 3

während einer gewissen Bewegung verstehen. Ebenfalls der Rhythmus eines Bewegungsablaufs kann in den Rhythmus eines Lieds übertragen werden. Dass dieser Konsens effektiv vorhanden ist, beweist uns das Tanzen zu Musik, was auf der ganzen Welt verbreitet ist. Diese Gemeinsamkeiten lassen auf eine beachtliche Wechselbeziehung zwischen Bewegung und Musik schliessen.[15]

## 4.3. Musik beim Laufen

Oft wird der Laufsport als monoton und langweilig beschrieben, weil über einen langen Zeitraum immer der gleiche Bewegungsablauf vollbracht wird. Dies lässt sich daraus erklären, dass wenn ein Läufer beispielsweise zehn Minuten lang in einer Schrittfrequenz von 160 Schritten pro Minuten läuft, dieser in den zehn Minuten 800-mal den ein und denselben Bewegungsablauf ausführt.

Deshalb greifen viele Läufer zur Musik, um beim Laufen abgelenkt, unterhalten oder im besten Fall motiviert zu werden. Wichtig bei der Wahl der Musik ist die Taktzahl. Die Taktzahl soll im idealsten Fall gerade sein (2/4 oder 4/4), damit die Musik mit der zyklischen Bewegung übereinstimmt. Eine weitere entscheidende Rolle spielen auch die Beats per minute (bmp). Die Beats per minute entscheiden das Tempo eines Musikstücks und geben die Schläge pro Minute an. Je schneller ein Musikstück ist, also je mehr Beats per minute, desto schneller kann gelaufen werden.[16] Dies ist jedoch nur bis zu einem gewissen Grad, wo die Geschwindigkeit der Bewegung noch mit dem Tempo der Musik mithalten kann, möglich. Im Idealfall synchronisiert sich die Bewegung mit dem Takt der Musik, was dazu führt, dass der Sauerstoffverbrauch des Läufers abnimmt und dieser folglich länger laufen kann, was bereits nachgewiesen wurde.[17]

---

[15] Siegmann Axel, *Einsatz und Nutzung von Musik im Sport* (Saarbrücken: VDM Verlag Dr. Müller GmbH & Co. KG, 2010), S. 11 - 13
[16] «Laufen mit Musik», Fit For Life, https://www.fitforlife.ch/artikel/laufen-mit-musik/, Zugriff am 01.10.2018
[17] «Music in Sport and Exercice: An Update on Research and Application», The Sport Journal, http://thesportjournal.org/article/music-sport-and-exercise-update-research-and-application/, Zugriff am 01.10.2018

Musik hat die Kraft uns Menschen emotional zu beeinflussen, sie bringt uns zum Weinen, zum Lachen, animiert uns zum Marsch und bringt uns zum Schlafen. Dass Musik einen Einfluss auf unsere Psyche hat ist allseits bekannt und auch eine natürliche Realität. Deswegen behaupten viele Sportler, dass sie durch Musik motiviert werden oder sich durch bestimmte Musikstücke besser konzentrieren können, wie in Abbildung 2 demonstriert wird. Tatsächlich kann Musik als Stimulans oder Anreger funktionieren und findet auch oft in der Psychologie seinen Platz als Therapie.[18]

## 5. Psychologie im Sport

Wie in der Musik fand die Psychologie schon früh sein Interesse am Sport. Das menschliche Verhalten unter extremen Situationen im Sport wie Stress, Niederlage, Belastung und Sieg wurden von der Psychologie immer wieder analysiert. Doch leider behandelten diese Analysen nur selten die Psyche des einzelnen Sportlers, wobei viele Sportler ihre psychische Einstellung oft als Hindernis oder Belastung beschreiben. Ab den 70er Jahren kam dann endlich die von vielen Sportler und Trainer erhoffte Wende in der Sportpsychologie. Die Probleme und Hemmungen des individuellen Sportlers wurden nun zum Gegenstand der Psychologen.[19] Hoffnungsvoll erwarten viele Sportler von der Sportpsychologie einen positiven Nutzen zu erzielen. Tatsächlich arbeiten viele Profisportler eng mit Psychologen und Motivatoren zusammen.[20]

---

[18] «Die Macht der Musik», Die Zeit Online, https://www.zeit.de/zeit-wissen/2012/01/Psychologie-Musik, Zugriff am 29.09.2018
[19] Baumann Sigurd, *Psychologie im Sport* (Aachen: Meyer & Meyer Verlag, 1998), S. 11
[20] «Wie Sportler von Coaches beraten werden», Spiegel Online, http://www.spiegel.de/gesundheit/psychologie/sportpsychologie-wie-sportler-von-coaches-beraten-werden-a-982732.html, Zugriff am 03.10.2018

«Sportpsychologie lässt sich bestimmen als empirische Wissenschaft, die die psychischen Grundlagen und Folgen sportlicher Handlungen in ihrem situativen Kontext untersucht. Aus dieser Gegenstandsbestimmung leitet sich dann die allgemeine Aufgabe der Sportpsychologie ab, nämlich die Beschreibung, Erklärung und Vorhersage sportlicher Handlungen mit dem praktischen Ziel einer effektiven, auf ihre Umstände, Zwecke und Folgen hin kritisch reflektierten Handlungssteuerung. Diese Aufgabenstellung schließt sowohl Grundlagen- als auch anwendungsbezogene Forschung ein.»

Jürgen Nitsch[21]

Die Sportpsychologie arbeitet deswegen immer wieder an neuen Methoden die Psyche des Sportlers so zu trainieren, dass dieser gegenüber einem gleich starken Gegner nur durch seinen psychischen Zustand einen entscheidenden Vorteil hat.


## 5.1. Psychologisches Training

Die Absicht des psychologischen Trainings ist es eine aufgabenadäquate und für den individuellen Sportler befriedigende, aktive Aktion zu erreichen. Es richtet sich dabei auf die handlungsregulierenden und handlungsbedingenden, auf die emotionalen, motivationalen und kognitiven Prozesse. In der Psychologie gehen demnach Emotion, Motivation und Kognition in jeder sportlichen Bewegung und Handlung ein. Sportliche Aktionen sind dabei nicht als isolierte Handlungsmechanismen aufzufassen, sondern sind das Ergebnis individueller Bedürfnisse, Emotionen und Zielsetzungen. Der menschliche Körper dient dabei als Ursprung und Instrument der Bewegung. [22]

Das am häufigsten praktizierte psychologische Verfahren im Sport ist das mentale Training. Grob versteht man unter mentalem Training das Sich-Vorstellen

---

[21] «Sportpsychologie (Definitionen)», Sportunterricht.de, http://www.sportunterricht.de/lksport/spopsy2.html, Zugriff am 02.10.2018
[22] Baumann Sigurd, *Psychologie im Sport* (Aachen: Meyer & Meyer Verlag, 1998), S. 57f.

eines Bewegungsablaufs, ohne diesen tatsächlich motorisch auszuführen. Es ist hauptsächlich darauf gerichtet, sportliche Bewegungsabläufe, Techniken und Fertigkeiten zu erlernen oder zu verbessern.[23] Damit das mentale Training die optimale Wirkung auf den Sportler hat und sein «Sich-Vorstellen» eines Bewegungsablaufs auch tatsächlich motorisch umgesetzt werden kann, wird die Psychoregulation in Anspruch genommen.[24]

## 5.2. Psychoregulation

Die Psychoregulation verfolgt das Ziel, alle psychologischen Aspekte, die einen Bewegungsablauf oder gar eine Handlung beeinflussen, so zu aktivieren, dass diese zu einem idealen Handlungsergebnis beisteuern. Hierbei verfolgt die Psychoregulation fünf Hauptziele und fünf entsprechende Massnahmen, um diese zu erreichen.[25] Die Verbesserung und Anwendung psychischer Steuerungsfähigkeit, also wie Schwierigkeiten und Hindernisse auf dem Weg zum Ziel überwunden werden, wird durch die Regulation psychischer Steuerungsfähigkeiten trainiert. Die Kontrolle und Stabilisierung über seine eigenen Emotionen wird von der Emotionaler Regulation gelehrt. Um die kognitive Fähigkeit, also die Fähigkeit von wahrnehmen, beobachten, wissen und denken, zu verbessern, wird die intellektuelle Regulation angewendet. Körperliche Energie ist eine klare Voraussetzung für Höchstleistungen eines Sportlers. Sie kann durch gezielte Ernährung und Training geschaffen und reguliert werden. Hierbei spricht man von Energieregulation. Die Antriebsregulation behandelt die Erzeugung und Steuerung der Motivation.[26]

Auf die letztere Massnahme und dessen Ziel wird im nächsten Kapitel noch genauer eingegangen, da die Motivation, wie in Kapitel 3.3 beschrieben wird, ein wichtiger Faktor für die Ausdauer ist und die Musik einen klaren Einfluss auf die Motivation haben kann, wie in Kapitel 4.1 und 4.3 gezeigt wurde.

---

[23] a. a. O., S. 59
[24] a. a. O., S. 60
[25] a. a. O., S. 83
[26] Baumann Sigurd, *Psychologie im Sport* (Aachen: Meyer & Meyer Verlag, 1998), S. 84 - 87

## 5.3. Motivation

Motivation ist ein Prozess, bei dem bestimmte Motive eine entsprechende Handlung auslösen. Dadurch erhält das Verhalten eine gewisse Richtung auf ein Ziel, eine Intensitätsstärke und eine Ablaufform. Die Motivation eines Menschen wird durch individuelle Anreize und Präferenzen beeinflusst. Nach David Clarence McClelland gibt es fünf Grundmotive, die eine Motivation, also einen Beweggrund, erzeugen können. Diese Motive sind einerseits die Zugehörigkeit, die Macht und das Streben nach besserer Leistung und andererseits die Ohnmacht, die Angst vor dem Versagen und die Befürchtung der Wertlosigkeit.[27] Die Reize und Triebe bringen den Menschen folglich zu entsprechenden Handlungen, um den erhofften Lustgewinn zu erreichen.[28] Dabei wird die Motivation in zwei Arten unterteilt. Die extrinsische Motivation ist eine durch äussere Reize produzierte Motivation. Die Leistungen werden erbracht, weil daraus Vorteile erwünscht sind oder Nachteile vermieden werden wollen. Die intrinsische Motivation wird durch innere Reize hervorgerufen. Intrinsisch motivierte Sportler berufen ihre Motivation aus der Tätigkeit heraus. Dazu können persönliche Interessen, kreative und künstlerische Bestrebungen und Herausforderungen diese innere Motivation hervorrufen.

Die Faktoren der intrinsischen Motivation sind kognitiver und emotionaler Art, wobei die emotionale intrinsische Motivation durch Musik gezielt gesteuert werden muss, damit die sportliche Leistung des Sportlers beeinflusst werden kann[29]. Diese Beeinflussung wird im nächsten Kapitel untersucht, ausgewertet und interpretiert.

---

[27] «Grundmotive nach McClelland», Institut für Management-Innovation, http://www.management-innovation.com/, Zugriff am 06.10.2018

[28] Baumann Sigurd, *Psyche in Form* (Aachen: Meyer & Meyer Verlag, 2011), S. 28

[29] «Motivation», Online Lexikon für Psychologie und Pädagogik, http://lexikon.stangl.eu/337/motivation/, Zugriff am 04.10.2018.

## 6. Untersuchung

Wie im Kapitel «3.2. Leistungsbestimmende Faktoren» erläutert, sind die Fakto-ren der sportlichen Leistung die Geschwindigkeit, die Kraft, die Ausdauer, die Koordination und die Flexibilität. In Kapitel 3.3. wurde der leistungsbestimmende Faktor Ausdauer genauer analysiert und folglich wurde die Ausdauer in psychi-sche und physische Ermüdung unterteilt. Um die psychische Ermüdung zu über-dauern ist die Motivation eines Sportlers von zentraler Bedeutung, wie in Kapitel 5.3. untersucht wurde. Die Emotion ist ein essenzieller Bestandteil der intrinsi-schen Motivation und wie in Kapitel 4.1. ausgelegt, hat die Musik einen starken Einfluss auf die menschlichen Emotionen. Somit ergibt sich folgende Grafik.

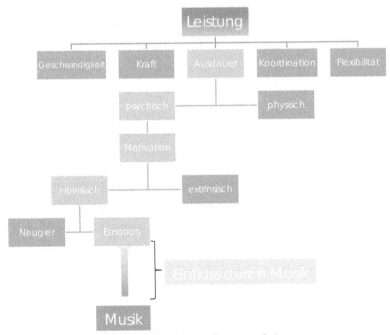

*Abbildung 1* Grafik, welche den Weg der Beeinflussung aufzeigt.

Diese Grafik (Abbildung 1) soll aufzeigen, wie die Leistung eines Sportlers von verschiedenen Faktoren abhängt und wie sie gezielt durch das Einsetzten von bestimmter Musik beeinflusst werden kann - zumindest auf theoretischer Basis.

Anhand der obigen Grafik (Abbildung 1) ergibt sich folgende Hypothese:

> Durch Musik lässt sich die emotionale intrinsische Motivation beeinflussen, welche wiederum die psychische Ausdauer beeinflusst, die ein Faktor für die sportliche Leistung ist. Somit wäre die sportliche Leistung durch die Musik beeinflusst worden.

Diese Hypothese gilt es durch eine selbst erstellte Untersuchung an Probanden zu überprüfen. Anhand der empirischen Auswertung der Untersuchung wird sich die oben geschilderte Hypothese verifizieren oder falsifizieren lassen. Die Untersuchung ist insofern notwendig, da sich die Behauptung auf theoretischer Basis nicht beweisen lässt und meines Wissens noch keine Experimente oder Untersuchungen dieser Art unternommen wurden.

## 6.1. Vorgehen

In der Untersuchung werden 20 männliche Läufer im Alter zwischen 16 – 21 Jahre ihre Motivation nach dem Versuchsablauf subjektiv bewerten. Somit wird der Einfluss der Musik auf den einzelnen überprüft.

Alle 20 Probanden laufen 30 Minuten lang am Stück. Es wird nur einen einzigen Lauf geben, damit möglichst viele externe Faktoren, wie Temperatur, Klima, Nahrungszunahme oder persönliches Wohlbefinden, wegfallen. Die 20 Läufer werden den Tag vor dem Lauf und den Tag des Laufs ganz normal wie gewöhnlich ausleben, damit die Routine und die Gewohnheiten des Läufers nicht anders sein werden, um authentische Daten zu erhalte. Der Versuch wurde am 21. August 2018, um 18:30 Uhr durchgeführt. Das Terrain war ein Fussballrasen der Anlage Kreuzzelg in Wettingen. Die Temperatur betrug zwischen 20 – 24 °C, die Luftfeuchtigkeit war von 50% und die Windstärke war von 0 km/h. Das Klima veränderte sich während dem 30-minütigen Versuch nur wenig und somit war der einzige externe Faktor, der sich für die Probanden änderte, die Musik.

Alle Läufer waren anwesend und gesund. Sie wurden bereits 1 Woche zuvor genaustens über den Grund der bevorstehenden Untersuchung, sowie über den Versuchsablauf persönlich informiert.

Der Versuch wurde wie folgt aufgebaut;

10 zufällig zugeteilte Probanden laufen folgenden Zeitabschnitt:

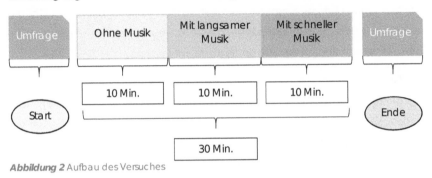

*Abbildung 2* Aufbau des Versuches

Und die anderen 10 Probanden laufen folgenden Zeitabschnitt:

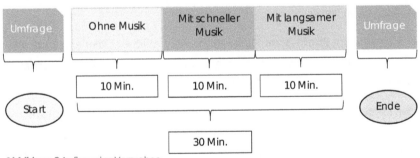

*Abbildung 3* Aufbau des Versuches

Das Vertauschen der zwei Blöcke «Mit schneller Musik» und «Mit langsamer Musik» (siehe Abbildung 2 und Abbildung 3) ist ein Versuch der natürlichen Ermüdung des Läufers entgegenzuwirken und somit wird eine mögliche Beeinflussung dieses Teilfaktors auf die Daten verhindert.

Die Umfrage für meine Arbeit habe ich mit dem Onlineportal Umfrageonline.ch[30] erstellt. Das Erstellen der Umfrage gestaltete sich mit diesem Portal als relativ einfach, wobei man sehr schnell lernt, wie mit den Umfragetools umzugehen ist und diese effektiv einsetzten kann. Ausserdem erhalten Schülerinnen und Schüler der Kantonsschule Wettingen einen kostenlosen Zugang zu den ganzen Umfragetools, wenn die Schul-Emailadresse zur Anmeldung verwendet wird. Die Gestaltungsmöglichkeiten, die diese Website bietet sind sehr vielfältig, sowie auch die Art von Fragen, die erstellt werden können; ob Multiple Choice oder offenen Fragen, UmfrageOnline.ch bietet viele Möglichkeiten an, eine für diese Untersuchung geeignete Umfrage zu entwerfen.

Die kreierte Umfrage beinhaltet Fragen zur Person selbst, Fragen zum Umgang mit der Musik, Fragen zur persönlichen Fitness und Fragen zur subjektiven Motivation. Die persönliche Motivation jedes Läufers wurde von ihnen selbst vor dem Lauf bewertet. Nach dem Lauf mussten sie ihre Motivation während all den 3 Blöcken «Ohne Musik», «Mit schneller Musik» und «Mit langsamer Musik» bewerten. Die Umfrage wurde von den Probanden auf ihrem Handy ausgefüllt. Die Musik für beide Blöcke wurde durch eine von mir auf Spotify erstellten Playlists allen Probanden auf ihr Handy zu Verfügung gestellt. Die ganze Umfrage ist im Anhang zu finden.

Der 10-minütige Block «Ohne Musik» soll als Kontrollversuch dienen, um zu analysieren, ob die Musik einen positiven oder negativen Einfluss auf die Motivation hatte und wie gross dieser Einfluss war.

Der 10-minütige Block «Mit langsamer Musik» beinhaltet langsame, ruhige, gefühlvolle und zum Teil monotone Musik. Diese Musik soll die langsame beruhigende Musik darstellen, mit der die Probanden 10 Minuten laufen. Die Musik wurde auf Spotify nach den Kriterien für beruhigende und langsame Musik ausgewählt und beträgt im Durchschnitt 70 bpm. Die Musik dieser Playlist wurde von den Probanden teilweise auch als langweilig und zum Einschlafen beschrieben. Die gesamte Playlist dieses Blockes befindet sich im Anhang.

---

[30] UmfrageOnline, https://www.umfrageonline.ch, Zugriff am 20.10.2018

Der 10-minütige Block «Mit schneller Musik» beinhaltet schnelle, aggressive und ausdrucksvolle Musik. Auch dieser Musikblock wurde auf Spotify nach den Kriterien für schnelle und aktivierende Musik zusammengestellt. Diese Musik hat durchschnittlich 180 bpm. Die Musik dieser Playlist wurde von den Läufern als belebend und aufregend beschrieben. Die gesamte Playlist des schnellen Blocks befindet sich ebenfalls im Anhang.

Die Probanden hörten die Musik mit ihren eigenen Kopfhören in der Lautstärke, welche den Läufern subjektiv am besten gefiel.

## 6.2. Beobachtung

Durch die Umfrage konnten die 20 Probanden in verschiedenen Typen eingeteilt werden. Damit für die Untersuchung brauchbare Daten entstehen konnten, wurden die Probanden in vier Haupttypen eingeteilt. Die Kriterien für die Haupttypen waren die individuelle körperliche Verfassung und ihr Verhältnis zur Musik. Somit wurden folgende Unterteilungen unternommen:

**Typus 1**.: Probanden die mehr Sport treiben und mehr Musik hören als der Durchschnitt aller 20 Läufer.

**Typus 2**.: Probanden die mehr Sport treiben und jedoch weniger Musik hören als der Durchschnitt aller 20 Läufer.

**Typus 3**.: Probanden die weniger Sport treiben und mehr Musik hören als der Durchschnitt aller 20 Läufer.

**Typus 4**.: Probanden die weniger Sport treiben und weniger Musik hören als der Durchschnitt aller 20 Läufer.

Die Umfrage ergab für jeden Typus authentische und einmalige Resultate, welche im Folgenden aufgelistet und kommentiert werden.

| | Vor dem Lauf | Ohne Musik während dem Lauf | Mit schneller Musik während dem Lauf | Mit langsamer Musik während dem Lauf |
|---|---|---|---|---|
| | 3.8 | 4.5 | 7.4 | 3.5 |

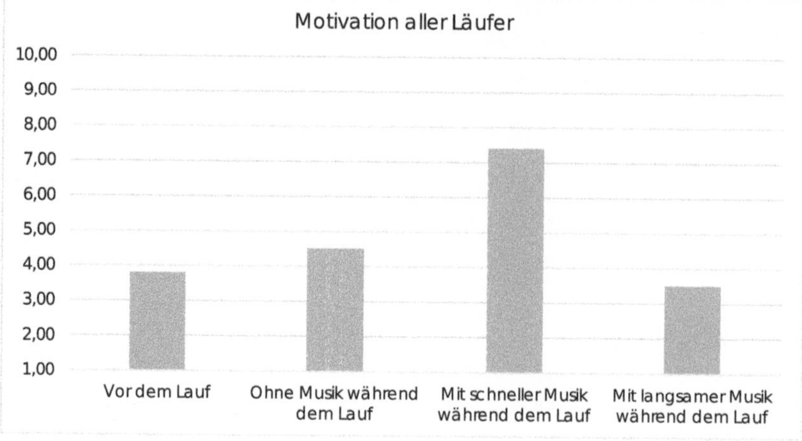

Motivation aller Läufer

*Abbildung 4* Resultate der Umfrage

Die Motivation aller 20 Probanden schwanke sehr stark wie sich aus der obigen Grafik (Abbildung 4) herauslesen lässt. Die durchschnittliche Motivation von all den Läufern vor dem Lauf war mit 3.8 bewertet worden und dies auf einer Skala von 1 bis 10, wobei 1 für gar nicht motiviert und 10 für stark motiviert steht. Die Motivation während dem Lauf ohne Musik betrug durchschnittlich 4.5 und ist somit schon leicht angestiegen. Doch die durchschnittliche Motivation erreichte ihren Höhepunkt während dem Lauf mit schneller Musik. In diesem 10-minütigen Block waren die Läufer im Durchschnitt eher motiviert und bewertet dies mit 7.4. Was auffallend ist, ist dass die Probanden mit langsamer Musik während dem Lauf durchschnittlich am wenigsten Motivation hatten im vergleich zu den anderen Blöcken. Hier wurde die Motivation im Durchschnitt mit nur 3.5 bewertet.

Im Folgenden wird die Motivation von den verschiedenen oben bereits erwähnten Typen analysiert und die dazugehörigen Beobachtungen erfasst.

| Läufer | Vor dem Lauf | Ohne Musik während dem Lauf | Mit schneller Musik während dem Lauf | Mit langsamer Musik während dem Lauf |
|---|---|---|---|---|
| 5 | 4.2 | 5.2 | 7.9 | 3.1 |

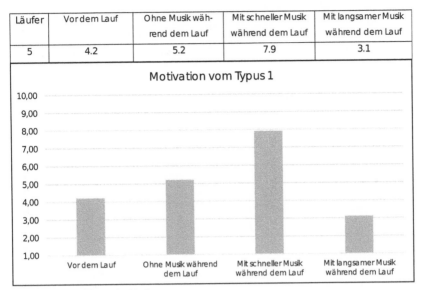

**Abbildung 5** Resultate der Umfrage

Typus 1 setzt sich aus 5 Läufer zusammen, welche mehr Sport und mehr Musik hören als der Durchschnitt. Allgemein waren diese Läufer vor dem Lauf und auch während dem Lauf ohne Musik mehr motiviert als der Durchschnitt aller 20 Probanden. Sie bewerteten ihre Motivation vor dem Lauf mit 4.2 und die Motivation während dem Lauf ohne Musik mit 5.2. Jedoch hatte bei diesem Typ von Läufer die Musik einen grösseren Einfluss auf die Leistung, wobei die Motivation während dem Lauf mit schneller Musik mit 7.9 und die Motivation während dem Lauf mit langsamer Musik mit nur 3.1 bewertet wurde. Diesen signifikanten Unterschied lässt sich sehr gut aus der obigen Grafik (Abbildung 5) herauslesen.

| Läufer | Vor dem Lauf | Ohne Musik während dem Lauf | Mit schneller Musik während dem Lauf | Mit langsamer Musik während dem Lauf |
|---|---|---|---|---|
| 6 | 4.0 | 4.8 | 6.7 | 4.1 |

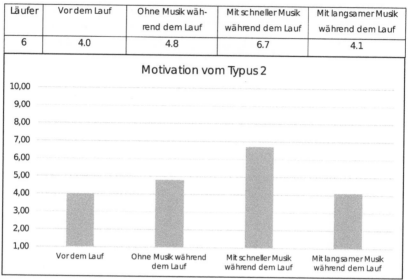

**Abbildung 6** Resultate der Umfrage

Die obige Grafik (Abbildung 6) zeigt die Motivation vom Typus 2 auf. Dieser Typus ist, wie schon bekannt, eher sportlicher als der Durchschnitt und hört jedoch eher weniger Musik. Hierbei ergaben sich folgende Daten. Die Motivation vor dem Lauf wurde von diesem Typus mit 4.0 bewertet. Während dem Lauf ohne Musik wurde die Motivation durchschnittlich mit 4.8 bewertet. Als jedoch die Musik während dem Lauf eingesetzt wurde veränderte sich die Motivation. Sie wurde Während dem Lauf mit schneller Musik mit 6.7 und mit langsamer Musik mit 4.1 bewertet. Auch bei diesem Typus war die Motivation mit schneller Musik deutlich höher als in den anderen Blöcken. Jedoch hatte hier die langsame Musik keinen negativen Einfluss auf die Motivation, da diese 6 Läufer die Motivation in dem Block mit langsamer Musik um 0.1 besser bewerteten als ihre Motivation vor dem Lauf.

| Läufer | Vor dem Lauf | Ohne Musik während dem Lauf | Mit schneller Musik während dem Lauf | Mit langsamer Musik während dem Lauf |
|---|---|---|---|---|
| 5 | 3.3 | 3.9 | 8.8 | 2.9 |

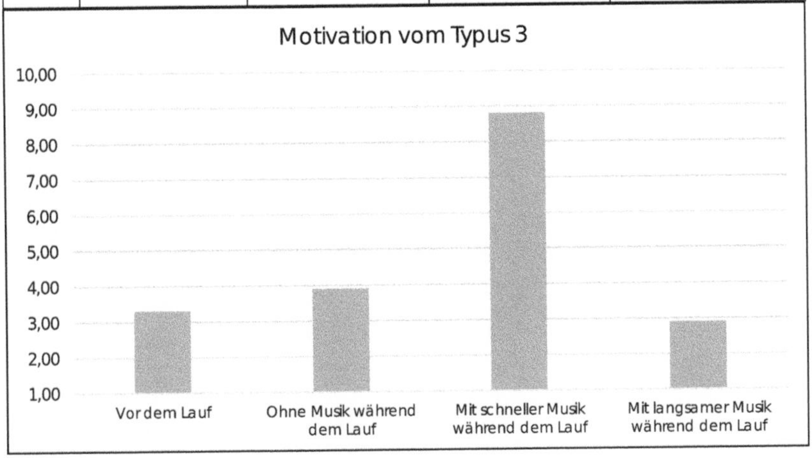

**Motivation vom Typus 3**

*Abbildung 7* Resultate der Umfrage

Typus 3 setzt sich aus 5 Probanden zusammen, die mehr Musik hören und weniger Sport treiben als der Durchschnitt. Diese Läufer waren vor dem Lauf, sowie während dem Lauf ohne und mit langsamer Musik am unmotiviertesten, wie sich aus der obigen Grafik (Abbildung 10) herauslesen lässt. Die Motivation vor dem Lauf wurde mit bloss 3.3 bewertet. Durchschnittlich bewerteten die Läufer ihre Motivation während dem Lauf ohne Musik mit 3.9 und mit langsamer Musik mit nur 2.9. Anhand dieser Daten scheint dieser Typus sehr unmotiviert, doch genau dieser Typus war während dem Lauf mit schneller Musik am motiviertesten. Hier wurde die Motivation mit guten 8.8 bewertet. Dieser Typus stellt somit die grössten Unterschiede der Motivation während den verschiedenen Blöcken auf.

| Läufer | Vor dem Lauf | Ohne Musik während dem Lauf | Mit schneller Musik während dem Lauf | Mit langsamer Musik während dem Lauf |
|---|---|---|---|---|
| 4 | 3.8 | 4.1 | 6.2 | 3.9 |

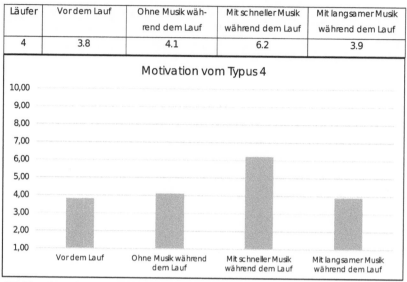

**Abbildung8** Resultate der Umfrage

Typus 4 setzt sich aus 4 Läufern zusammen, die weniger Sport treiben und weniger Musik hören als der Durchschnitt aller 20 Probanden. Sie wurde vor dem Lauf mit 3.8 bewertet. Während dem Lauf ohne Musik bewerteten diese Probanden die Motivation mit 4.1. Die Motivation während dem Lauf mit schneller Musik wurde mit 6.2 und mit langsamer Musik mit 3.9 bewertet. Bei diesem Typus gibt es keine grossen Unterschiede der Motivation zwischen den verschiedenen löcken und im Vergleich zu den anderen Blöcken liegt die Motivation hier allgemein sehr tief, wie aus der obigen Grafik (Abbildung 8) herauszulesen ist.

Die Gründe dafür werden im nächsten Kapitel «6.3. Auswertung» anhand der Theorie von Kapitel «3. Sport», «4. Musik» und «5. Psychologie im Sport» interpretiert.

## 6.3. Auswertung

In diesem Kapitel wird versucht die oben erhaltenen Daten mit einer Erklärung und Interpretation zu ergänzen. Daraufhin wird, die im Kapitel «6.0 Untersuchung» aufgestellte Hypothese anhand der erhaltenen Daten überprüft.

Auffälliger war, dass je mehr Sport die Läufer treiben, desto grösser war ihre Motivation im Allgemeinen. Folglich kann auch gesagt werden, dass je weniger Sport die Läufer treiben, desto tiefer war ihre Motivation im Allgemeinen. Dies lässt sich daraus erklären, dass Sportler, welche allgemein viel Sport treiben, für solche Untersuchungen motivierter sind, da diese durch diesen Versuch ihre Ausdauer prüfen können und sich ebenfalls eine neue Methode erhoffen, um an ihrer Ausdauer zu arbeiten, wie diese Läufer selbst zu Protokoll gaben.

Doch die ausfälligsten Daten lieferten Typus 1 und Typus 3. Die Daten dieser Typen zeigten die grössten Motivationsunterschiede zwischen den verschiedenen Situationen auf. Bei Typus 1 war die Motivation mit schneller Musik 88 % höher als vor dem Lauf und sogar 155 % höher, als die Motivation während dem Lauf mit langsamer Musik. Beim Typus 1 hatte die langsame Musik einen negativen Einfluss auf die Motivation. Sie war erstaunliche 25 % tiefer als vor dem Lauf. Beim Typus 3 waren diese Unterschiede noch grösser. Die Motivation mit schneller Musik war 167 % höher als vor dem Lauf und sogar ganze 205 % höher, als die Motivation während dem Lauf mit langsamer Musik. Auch beim Typus 3 hatte die langsame Musik einen negativen Einfluss auf die Motivation. Sie war 13 % tiefer als vor dem Lauf.

Diese Typen haben beide gemeinsam, dass die zugehörigen Läufer eher mehr Musik als der Durchschnitt der 20 Probanden hören. Laut diesen Probanden sind sie sehr viel mit Musik in Kontakt und hören mindestens 4 Stunden pro Woche Musik jeglicher Art. Anhand der Daten lässt sich sagen, dass diese Typen sensibler auf verschiedene Musik sind als die anderen Läufern, die weniger Musik hören als der Durchschnitt.

## 6.4. Interpretation

Aus den Umfrageergebnissen lässt sich sehr gut auf die Sportlichkeit der Probanden schliessen, da alle den gleichen Sport treiben. Dies ist wichtig, weil die Sportlichkeit eine entscheidende Rolle in der Beeinflussung der sportlichen Leistung durch Musik spielt. Es lässt sich jedoch nicht genau genug auf die Musikalität der Probanden schliessen, da die Umfrage keine Daten zur Lust, Konzentration und Begeisterung der Läufer während dem Musikhören liefert. Doch genau die Musikalität scheint entscheidend zu sein, wenn es um den Grad des Einflusses geht.

Die Anzahl der Probanden von 20 hat gute und ausschlaggebende Daten geliefert. Interessant wäre gewesen, wenn die Untersuchung auf mehr Probanden ausgebaut würde, um signifikantere Ergebnisse zu erhalten.

In dieser Arbeit konnte nur das Tempo, also die Beats per minute, untersucht werden, da es aufwendiger gewesen wäre diese Untersuchung mit verschiedenen Musikstils durchzuführen.

Werden nun die erhaltenen Daten mit der Hypothese abgeglichen, wird die im Kapitel «6. Untersuchung» aufgestellte Hypothese bestätigt. Die Motivation veränderte sich in den verschiedenen Situationen tatsächlich und daraus kann man schliessen, dass die Motivation durch die Musik beeinflusst wurde. Jedoch lässt sich der Weg der Beeinflussung nicht definieren, da nicht bekannt ist, ob tatsächlich die emotionale intrinsische Motivation beeinflusst worden ist, und nicht etwa die kognitive. Doch wird die Theorie von Kapitel «4. Musik» aufgefasst, lässt sich stark behaupten, dass die Beeinflussung auf emotionale und nicht auf kognitive Weise geschah.

Die am Anfang dieses Hauptkapitels «6. Untersuchung» aufgestellte Hypothese (*Durch Musik lässt sich die emotionale intrinsische Motivation beeinflussen, welche wiederum die psychische Ausdauer beeinflusst, die ein Faktor für die sportliche Leistung ist. Somit wäre die sportliche Leistung durch die Musik beeinflusst worden.*) lässt sich somit nur teilweise beweisen.

Es handelt sich um eine Untersuchung, welche nur das subjektive Empfinden des Probanden berücksichtigt. Sie basiert nur auf äussere, subjektive Beobachtungen und nicht auf medizinische, biologische oder chemische Daten. Es fehlt ein biochemischer Beleg dafür, dass der Einfluss tatsächlich durch die emotionale intrinsische Motivation geschah.

## 7. Schlussfolgerung

Basierend auf diese Arbeit lässt sich zeigen, dass schnelle Musik einen positiven Einfluss und langsame Musik eher einen negativen Einfluss auf die Probanden hatte. Somit wurde eine Kausalität zwischen Musik und sportlicher Leistung bewiesen.

Die Untersuchung erzielte brauchbare und aussagekräftige Resultate, jedoch hatten die Umfrage und der Sportversuch kleine Defizite, die bereits in der Interpretation erwähnt wurden. Während dem Sportversuch wurden die Läufer eventuell auch von den Mitläufern, die schneller unterwegs waren, motiviert und beeinflusst. Somit war die Competition ein zusätzlicher Faktor. Dies konnte leider nur schlecht umgangen werden, da alle Läufer den absolut gleichen Umständen ausgesetzt werden mussten, damit die Voraussetzungen, wie Klima, Terrain und Tageszeit, für alle gleich waren. Eine mögliche Alternative wäre das Laufband.

Eine Weiterführung dieser Arbeit in diesem Bereich wäre sehr spannend, da nur der Einfluss der Musik auf die sportliche Leistung untersucht wurde, doch die Musik könnte uns in den verschiedensten Situationen im Sport und auch im Alltag behilflich sein und ist es bereits schon. Es wäre zum Beispiel sehr interessant zu analysieren, wie die Konzentration und auch die Regeneration des Sportlers durch Musik beeinflusst werden kann. Dies könnte dazu führen, dass der Sportler die richtige Musik für verschiedene Situation, vor dem Wettkampf, während dem Wettkampf und nach dem Wettkampf einsetzen könnten. Interessant wäre dies auch auf ökonomischer Basis. Eine Zusammenarbeit von Nike und

Spotify existiert bereits,[31] jedoch ist in diesem Bereich noch viel Potenzial vorhanden. Auch in der Schweiz könnten offizielle Sportverbände mehr auf die Arbeit mit Musik setzten, um so die bereits vorhandenen Strategien und Methoden zu unterstützen und verbessern.

Ich persönlich werde in Zukunft auf jeden Fall mit Hilfe der Musik laufen gehen und so an meiner psychischen Ausdauer arbeiten.

---

[31]«Nike+ Run Club», Spotify, https://support.spotify.com/de/using_spotify/app_integrations/nike/, Zugriff am 20.10.2018

# 8. Quellen- und Literaturverzeichnis

## Literatur

Aderhold S. und Weigelt S., *Laufen! ...durchstarten und dabeibleiben – vom Einsteiger bis zum Ultraläufer* (Stuttgart: Schattauer GmbH, 2012).

Baumann Sigurd, *Psyche in Form* (Aachen: Meyer & Meyer Verlag, 2011).

Baumann Sigurd, *Psychologie im Sport* (Aachen: Meyer & Meyer Verlag, 1998).

Ebner Ulrike, *Laufen als Gesundheitssport* (Norderstedt: Grin Verlag, 2004)

Eisenhut Andrea und Zintl Fritz, *Ausdauertraining* (München: BLV Buchverlag GmbH & Co. KG, 2009).

Harari Yuval Noah, *Eine kurze Geschichte der Menschheit* (München: Pantheon Verlag, 2011).

Hesse Horst Peter, *Musik und Emotionen. Wissenschaftliche Grundlage des Musik-Erlebens* (Wien: Springer-Verlag, 2003).

Röthig Peter, *Sportwissenschaftliches Lexikon*, 6. Auflage (Schorndorf: Hofmann, 1992).

Siegmann Axel, *Einsatz und Nutzung von Musik im Sport* (Saarbrücken: VDM Verlag Dr. Müller GmbH & Co. KG, 2010).

Spitzer Manfred, *Musik im Kopf. Hören, Musizieren, Verstehen und Erleben im neuronalen Netzwerk*, 2 Auflage (Stuttgart: Schattauer GmbH, 2014).

Wissenschaftlicher Rat der Dudenredaktion, *Duden*, Auflage 21 (Leipzig: Dudenverlag, 2016).

# Webdokumente

«Die Macht der Musik», Die Zeit Online, https://www.zeit.de/zeit-wissen/2012/01/Psychologie-Musik, Zugriff am 29.09.2018.

«Grundmotive nach McClelland», Institut für Managementinnovation, http://www.management-innovation.com/, Zugriff am 06.10.2018.

«Laufen leicht gemacht», Fit For Life, http://www.markusryffels.ch/cgi-bin/ckfinder/files/Laufen_leicht_gemacht_de.pdf, Zugriff am 03.10.2018.

«Laufen mit Musik», Fit For Life, https://www.fitforlife.ch/artikel/laufen-mit-musik/, Zugriff am 01.10.2018.

«Motivation», Online Lexikon für Psychologie und Pädagogik, http://lexikon.stangl.eu/337/motivation/, Zugriff am 04.10.2018.

«Music in Sport and Exercice: An Update on Research and Application», The Sport Journal, http://thesportjournal.org/article/music-sport-and-exercise-update-research-and-application/, Zugriff am 01.10.2018.

«Nike+ Run Club», Spotify, https://support.spotify.com/de/using_spotify/app_integrations/nike/, Zugriff am 20.10.2018.

«Sport», Universität Hamburg Prof. Dr. phil. Claus Tiedemann, http://sport-geschichte.de/tiedemann/documents/sportdefinition.html#Literatur, Zugriff am 30.09.2018.

«Sportpsychologie (Definitionen)», Sportunterricht, http://www.sportunterricht.de/lksport/spopsy2.html, Zugriff am 02.10.2018.

«Umfragen», UmfrageOnline, https://www.umfrageonline.ch, Zugriff am 20.10.2018.

«Wie Sportler von Coaches beraten werden», Spiegel Online, http://www.spiegel.de/gesundheit/psychologie/sportpsychologie-wie-sportler-von-coaches-beraten-werden-a-982732.html, Zugriff am 03.10.2018.

# Abbildungen

**Abbildung 1:** «Grafik, welche den Weg der Beeinflussung aufzeigt.», Selbsterstellte Grafik, Erstellung am 03.10.2018

**Abbildung 2:** «Aufbau des Versuches», Selbsterstellte Grafik, Erstellung am 04.10.2018

**Abbildung 3:** «Aufbau des Versuches», Selbsterstellte Grafik, Erstellung am 04.10.2018

**Abbildung 4:** «Resultate der Umfrage», Selbsterstellte Grafik, Erstellung am 10.10.2018

**Abbildung 5:** «Resultate der Umfrage», Selbsterstellte Grafik, Erstellung am 10.10.2018

**Abbildung 6:** «Resultate der Umfrage», Selbsterstellte Grafik, Erstellung am 10.10.2018

**Abbildung 7:** «Resultate der Umfrage», Selbsterstellte Grafik, Erstellung am 10.10.2018

**Abbildung 8:** «Resultate der Umfrage», Selbsterstellte Grafik, Erstellung am 10.10.2018

## 9. Anhang

Die Umfrage:

# Beeinflussung der sportlichen Leistung durch Musik

## Seite 1

Hallo Zusammen!

Im Rahmen meiner Maturaarbeit an der Kantonsschule Wettingen führe ich eine kurze Umfrage durch, die mir helfen soll meine Arbeit zu komplettieren. Die Teilnahme an der Umfrage dauert weniger als 3 Minuten und wird nach dem Lauf ausgefüllt.

Vielen Dank für deine Mitarbeit

## Seite 2

**1. Startnummer***

☐ Nummer

**2. Geschlecht***

☐ Weiblich

☐ Männlich

**3. Alter***

☐ < 16

☐ 16 - 20

☐ 21 - 30

☐ 30 +

# Seite 3

## 4. Wie viel Musik hören Sie? *

☐ 0 - 1 Std/Woche

☐ 1- 4 Std/Woche

☐ 4- 10 Std/Woche

☐ 10 - 20 Std/Woche

☐ 20 + Std/Woche

## 5. Welche Musikgenre hören Sie am liebsten? *

☐ Pop

☐ Hip-Hop

☐ Rap

☐ Rock/Metal

☐ House

☐ Jazz

☐ Klassik

☐ Sonstiges

## 6. Ist die Musik, die Sie normalerweise hören, eher.. *

☐ schnell (ca. über 110 bpm)

☐ langsam (ca. unter 110 bpm)

☐ sowohl als auch

## 7. Hören Sie Musik beim Sport? *

☐ Ja

☐ Nein

☐ Manchmal

# Seite 4

### 8. Wie viel Sport treiben Sie? *

☐ < als 1 Std/Woche

☐ 1- 2 Std/Woche

☐ 2-4 Std/Woche

☐ 4 - 7 Std/Woche

☐ 7 - 10 Std/Woche

☐ 10 + Std/Woche

### 9. Warum hören Sie Musik beim Sport? *

☐ Unterhaltung

☐ Motivation

☐ Ablenkung

☐ Anderes

### 10. Ist die Musik, die Sie beim Sport hören, eher... *

☐ schnell (ca. über 110 bpm)

☐ langsam (ca. unter 110 bpm)

☐ sowohl als auch

### 11. Welche Musikgenre hören Sie beim Sport? *

☐ Pop

☐ Hip-Hop

☐ Rap

☐ Rock/Metal

☐ House

☐ Jazz

☐ Klassik

☐ Sonstiges

# Seite 5

**12. Wie werden Sie in Zukunft laufen gehen? ***

☐ ohne Musik

☐ Mit schneller Musik

☐ Mit langsamer Musik

☐ Mit schneller und langsamer Musik

**13. Wieso? ***

☐ Unterhaltung

☐ Musikgeschmack

☐ Motivation

☐ Anderes

**14. Wie motiviert waren Sie vor dem Lauf? 1= gar nicht motiviert 10= sehr motiviert ***

☐ 1

☐ 2

☐ 3

☐ 4

☐ 5

☐ 6

☐ 7

☐ 8

☐ 9

☐ 10

**15. Wie motiviert fühlten Sie sich ohne Musik? ***

☐ 1

☐ 2

☐ 3

☐ 4

☐ 5

☐ 6

☐ 7

☐ 8

☐ 9

☐ 10

**16. Wie motiviert fühlten Sie sich mit der Schnellen Musik? ***

☐ 1

☐ 2

☐ 3

☐ 4

☐ 5

☐ 6

☐ 7

☐ 8

☐ 9

☐ 10

**17. Wie motiviert fühlten Sie sich mit der langsamen Musik? ***

☐ 1

☐ 2

☐ 3

☐ 4

☐ 5

☐ 6

☐ 7

☐ 8

☐ 9

☐ 10

**18. Wie gross war der Einfluss der Musik auf Ihre sportliche Leistung, Ihrer Meinung nach? ***

☐ 1

☐ 2

☐ 3

☐ 4

☐ 5

☐ 6

☐ 7

☐ 8

☐ 9

☐ 10

Die Umfrage ist beendet. Vielen Dank für die Teilnahme.

Das Fenster kann nun geschlossen werden.

## Die Resultate der Umfrage:

## Beeinflussung der sportlichen Leistung durch Musik

**1. Anzahl Teilnehmer: 20**

| Startnummer | 1 |
| --- | --- |
| | 2 |
| | 3 |
| | 4 |
| | 5 |
| | 6 |
| | 7 |
| | 8 |
| | 9 |
| | 10 |
| | 11 |
| | 12 |
| | 13 |
| | 14 |
| | 15 |
| | 16 |
| | 17 |
| | 18 |
| | 19 |
| | 20 |

**2. Anzahl Teilnehmer: 20**

Weiblich:  - (0.0%)

Männlich:  20 (100.0%)

**3. Anzahl Teilnehmer: 20**

< 16:       1 (5.0%)

16 – 20:    14 (70.0%)

21 – 30:    5 (25.0%)

30 +:     - (0.0%)


**4. Anzahl Teilnehmer: 20**

0 - 1 Std/Woche:    1 (5.0%)

1 – 4 Std/Woche:    6 (30.0%)

4 – 10 Std/Woche:  10 (50.0%)

10 – 20 Std/Woche: 3 (15.0%)

20 + Std/Woche:    - (0.0%)


**5. Anzahl Teilnehmer: 20**

Pop:           12 (60.0%)

Hip-Hop:      13 (65.0%)

Rap:          15 (75.0%)

Rock/Metal:   3 (15.0%)

House:       6 (30.0%)

Jazz:         2 (10.0%)

Klassik:      4 (20.0%)

Sonstiges:    - (0.0%)


**6. Anzahl Teilnehmer: 20**

schnell (ca. über 110 bpm):    7 (35.0%)

langsam (ca. unter 110 bpm):   - (0.0%)

sowohl als auch:         13 (65.0%

**7. Anzahl Teilnehmer: 20**

Ja:        8 (40.0%)

Nein:     4 (20.0%)

Manchmal: 8 (40.0%)

**8. Anzahl Teilnehmer: 20**

< als 1 Std/Woche:  - (0.0%)

1- 2 Std/Woche:   3 (15.0%)

2-4 Std/Woche:   9 (45.0%)

4 - 7 Std/Woche:  5 (25.0%)

7 - 10 Std/Woche: 3 (15.0%)

10 + Std/Woche:  - (0.0%)

**9. Anzahl Teilnehmer: 20**

Unterhaltung:   11 (55.0%)

Motivation:     14 (70.0%)

Ablenkung:     5 (25.0%)

Andere:       - (0.0%)

**10. Anzahl Teilnehmer: 20**

schnell (ca. über 110 bpm):   17 (85.0%)

langsam (ca. unter 110 bpm):  - (0.0%)

sowohl als auch:      3 (15.0%)

**11. Anzahl Teilnehmer: 20**

Pop:            10 (50.0%)

Hip-Hop:        10 (50.0%)

Rap:            13 (65.0%)

Rock/Metal:  3 (15.0%)

House:          14 (70.0%)

Jazz:           - (0.0%)

Klassik:        1 (5.0%)

Sonstiges:     - (0.0%)

**12. Anzahl Teilnehmer: 20**

ohne Musik:                              - (0.0%)

Mit schneller Musik:                 19 (95.0%)

Mit langsamer Musik:              - (0.0%)

Mit schneller und langsamer Musik:   1 (5.0%)

**13. Anzahl Teilnehmer: 20**

Unterhaltung:        7 (35.0%)

Musikgeschmack:   9 (45.0%)

Motivation:          20 (100.0%)

Andere:              - (0.0%)

**14. Anzahl Teilnehmer: 20**

1:     - (0.0%)

2:     1 (5.0%)

3:     4 (20.0%)

4:     8 (40.0%)

5:     5 (25.0%)

6:     2 (10.0%)

7:     - (0.0%)

8:     - (0.0%)

9:     - (0.0%)

10:    - (0.0%)

**15. Anzahl Teilnehmer: 20**

1:     - (0.0%)

2:     1 (5.0%)

3:     - (0.0%)

4:     3 (15.0%)

5:     14 (70.0%)

6:     2 (10.0%)

7:     - (0.0%)

8:     - (0.0%)

9:     - (0.0%)

10:    - (0.0%)

**16. Anzahl Teilnehmer: 20**

1:   - (0.0%)

2:   - (0.0%)

3:   - (0.0%)

4:   - (0.0%)

5:   - (0.0%)

6:   - (0.0%)

7:   4 (20.0%)

8:   6 (30.0%)

9:   7 (35.0%)

10:   3 (15.0%)

**17. Anzahl Teilnehmer: 20**

1:     - (0.0%)

2:     3 (15.0%)

3:     4 (20.0%)

4:     8 (40.0%)

5:     5 (25.0%)

6:     - (0.0%)

7:     - (0.0%)

8:     - (0.0%)

9:     - (0.0%)

10:    - (0.0%)

**18. Anzahl Teilnehmer: 20**

1:     - (0.0%)

2:     - (0.0%)

3:     - (0.0%)

4:     - (0.0%)

5:     - (0.0%)

6:     1 (5.0%)

7:     5 (25.0%)

8:     9 (45.0%)

9:     4 (20.0%)

10:    1 (5.0%)

## Playlists der Untersuchung:

Playlist des langsamen Blocks mit durchschnittlich 70 bpm:

| Songtitel | Interpreter |
|---|---|
| Undress | Oscar and the Wolf |
| How Are You? | Amatorski |
| Wires | Athlete |
| Just A Dream | Tobias Jesso Jr. |

Playlist des schnellen Blocks mit durchschnittlich 180 bpm:

| Songtitel | Interpreter |
|---|---|
| Feels Great | Cheat Codes (feat. Fetty Wap & CVBZ) |
| Fade | Alan Walker |
| Never Give Up | Sia |
| The Ocean | Mike Perry (feat. Shy Martin) |

# BEI GRIN MACHT SICH IHR WISSEN BEZAHLT

- Wir veröffentlichen Ihre Hausarbeit,
  Bachelor- und Masterarbeit

- Ihr eigenes eBook und Buch -
  weltweit in allen wichtigen Shops

- Verdienen Sie an jedem Verkauf

Jetzt bei www.GRIN.com hochladen
und kostenlos publizieren

Lightning Source UK Ltd.
Milton Keynes UK
UKHW011233240921
391121UK00002B/342

9 783668 855670